Maria Ove

Schatz,

lass' uns fremdgehen!

www.maria-ove.de oder Facebook/MariaOve

Bibliografische Information der Deutschen Nationalbibliothek: Die Deutsche Nationalbibliothek verzeichnet diese Publikation in der Deutschen Nationalbibliografie; detaillierte Daten sind im Internet abrufbar unter

http://dnb.de

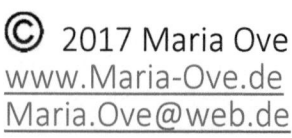 2017 Maria Ove
www.Maria-Ove.de
Maria.Ove@web.de

Illustration: Maria Ove

Herstellung und Verlag: BoD Books on Demand, Norderstedt
ISBN 9783744802550

Treue
ist nur der
Mangel an
Gelegenheiten.*

(*Quelle: Internet)

Vorwort der Autorin

Dieses Buch ist kein Beziehungsratgeber. Dazu habe ich weder die erforderliche Ausbildung noch möchte ich nicht in der Verantwortung stehen, Menschen Ratschläge zu geben. Jede Person ist so komplex, dass es schier unmöglich ist, mit einem einzigen Buch die Probleme vieler Menschen zu lösen.

Jeder hat seine persönliche Geschichte und jeder hat seinen eigenen, individuellen Grund, warum er sich dieses Buch gekauft hat. Was dem einen hilft, muss bei dem anderen nicht zwangsmäßig dasselbe bewirken, dessen bin ich mir vollends bewusst.

Dieses Buch ist entstanden, weil ich ein Mensch bin, der nach dem Warum sucht. Bei sich selber, aber auch bei anderen. Ich lasse selten eine Aussage, ob positiv oder negativ, einfach so stehen. Manche Geschichten berühren mich dabei mehr, andere weniger, dann gibt es wiederum welche, die mich nicht mehr loslassen. Dabei liebe ich es, mich ohne Vorurteile auf Menschen einzulassen, nach den Gründen zu fragen, sie zu hinterfragen.

Doch viel mehr als die Probleme der Menschen interessieren mich deren Ursachen. Es gibt viele Ratgeber, was zu tun ist, wenn die Beziehung nicht mehr richtig läuft oder wenn jemand fremdgegangen ist. Aber das sind alles

Probleme, die aus einem bestimmten Grund entstanden sind.

Wollen wir gemeinsam der Ursache auf den Grund gehen? Sind Sie bereit dazu? Dann wünsche ich Ihnen viel Freude mit meinem Buch. Ich hoffe, dass es Sie berührt, zum Nachdenken anregt und ein Leben lang begleiten wird.

Schatz,

lass' uns fremdgehen!

In diesem Buch geht ein um ein Thema, das uns alle betrifft, weil wir es alle in uns tragen.

Irgendwann wird der Moment kommen, wo wir der Wahrheit, den nackten Tatsachen sprichwörtlich gegenüberstehen. Der Moment, in dem alle Hüllen fallen und wir uns unserem ärgsten Feind stellen müssen – unseren eigenen Sehnsüchten. Wir können nicht davonlaufen, selbst wenn wir uns noch so sehr bemühen –

Es ist ein Teil unseres Charakters.

Welcher Mensch wären Sie, wenn Sie ganz viel Geld hätten? Wie würden Sie sich verhalten? Würden Sie auf die Meinung anderer pfeifen und endlich das tun, worauf Sie schon so lange Lust hätten?

Geld verdirbt den Charakter.

Die meisten von Ihnen werden diese Aussage bejahen.

Aber die Wahrheit ist, dass Geld lediglich den Charakter verstärkt.

Menschen, die vorher schon um das Wohl der anderen besorgt waren, werden dank eines Geldsegens zu wahren Wohltätern.

Andere wiederum, die in Zeiten von Geldnot den Fokus nur auf sich selbst gelegt haben, werden den erreichten Luxus protzig zur Schau stellen.

Wenn wir Geld haben, wenn wir uns alles leisten können, wäre es uns egal, was andere Menschen über uns denken. Geld zeigt also, wer und vor allem wie wir wirklich sind.

Nun können wir aber vor allem bei den reichen und berühmten Personen eines beobachten: wechselnde Liebschaften und immer kürzere Ehen, die geprägt sind von Seitensprüngen, welche für viele nicht mal solche sind. Sie leben in offenen Beziehungen, haben die tollsten Patchworkfamilien. Kurzum, sie machen das, wozu sie Lust haben, einfach weil sie es sich leisten können. Sie leben das, was sie sind, es ist ihnen egal, was andere über sie denken.

SEI, WIE DU BIST. ES KOMMT SOWIESO HERAUS.

Aber das alles, diese Charakterzüge waren schon immer da. Nur hat sich diese Person einfach nicht getraut, sie offen zu zeigen. Aber was ich Ihnen damit sagen will ist, dass sie da waren – schon von Beginn an. Nur trauen sich diese

Menschen, offen damit umzugehen. Und wenn ein Rockstar seine Ehefrau mit einem Groupie betrügt, ist das bei Weitem nicht so schlimm, als wenn der eigene Ehemann eine Affäre mit der Nachbarin hat.

Aber warum ist das so? Warum erlauben wir Menschen mit Geld und Ansehen mehr? Warum gestehen wir ihnen mehr Fehler zu als uns selbst? Warum gehen wir mit uns selbst, mit unserem Partner so sehr ins Gericht, wenn wir auf der anderen Seite wieder so großzügig sind? Warum erlauben wir uns nicht auch, Fehler zu machen? Fehler, die in Wahrheit gar keine sind, sondern versteckte Chancen, welche nur darauf warten, dass wir sie auspacken.

Dazu brauchen wir aber Zeit, Geduld und Offenheit. Wir müssen die eine Krabbe sein, die aus dem Glas voller Krabben hinauskrabbeln will. Wir müssen die Krabbe sein, welche alle anderen, die sie daran hindern wollen, abschüttelt. Sie müssen der Erste/die Erste sein. Der Erste/die Erste, der anfängt, darüber zu reden. Der Erste/die Erste, der/die es nicht nur denkt, sondern auch ausspricht:

„Schatz,

lass' uns fremdgehen!"

Nur die Hälfte der Frauen und Männer nehmen es mit der Treue in ihrer Partnerschaft ernst, wie eine aktuelle Studie belegt. 55 Prozent der befragten Frauen und 49 Prozent der Männer gaben an, bereits einmal untreu gewesen zu sein. Daraus gelernt haben nur wenige, es gilt eher die alte Regel „Einmal Fremdgänger, immer Fremdgänger", denn 20 Prozent der Frauen und 17 Prozent der Männer gestanden, ihre Partner zum Zeitpunkt der Befragung bereits zweimal betrogen zu haben. 15 Prozent der weiblichen und 22 Prozent der männlichen Befragten haben sich sogar mehr als dreimal auf ein sexuelles Abenteuer mit einer fremden Person eingelassen.(Quelle: Internet)

Also sprechen wir aus, was viele längst tun: „Schatz, lass uns fremdgehen!"

NEIN, das geht doch nicht, werden jetzt 99 Prozent der Leser, die sich dieses Buch gekauft haben, denken und in Gedanken die Hände über den Kopf zusammenschlagen. Schon alleine einen Gedanken daran zu verschwenden, ist verwerflich, moralisch streng verboten und in unserer Gesellschaft nicht akzeptiert.

Was Sie sich aber jetzt noch nicht vorstellen können, ist, dass Sie am Ende des Buches genau diesen Satz zu Ihrem Partner sagen werden. Dass diese Vorstellung Ihnen nun ein leichtes Schmunzeln entlockt, verwundert mich nicht.

Denn Sie glauben mir nicht. Warum sollten Sie das zu Ihrem Partner/Ihrer Partnerin sagen wollen, wo Sie doch so gegen „Fremdgehen" sind? Ganz einfach, weil dieses Thema Sie beschäftigt. Warum sonst hätten Sie sich dieses Buch gekauft?

Also nenne ich Ihnen zu Beginn gleich einmal die nackten Fakten: 100 Prozent der Männer und Frauen interessiert dieses Thema. Und rund 60 Prozent davon tun es:

Sie gehen eine Affäre ein.

"Es war doch nur das eine Mal, Schatz!" Diese Beteuerung, egal ob aus männlichem oder weiblichem Mund, ist laut einer Umfrage mit 2.600 Fremdgängern und 3.334 Betrogenen leider in den meisten Fremdgeh-Fällen eine Lüge: Nur 12 Prozent der untreuen Frauen und 15 Prozent der Männer hatten einen einmaligen Ausrutscher. Die meisten Fremdgänger (41 Prozent Männer und 46 Prozent Frauen) hatten eine Affäre, die mindestens einen Monat und bei rund 25 Prozent sogar über sechs Monate dauerte. (Quelle: Internet)

Weg mit den Vorurteilen

Und ich gehe noch einen Schritt weiter: Ich behaupte, dass sogar 90 Prozent es tun würden, wenn sie die passende Gelegenheit dazu bekommen würden.

Jetzt kommt ein Aufschrei. Ich kann ihn förmlich hören, und Ihre entsetzten, angewiderten Gesichter vor mir sehen. Ja, ich weiß, was Sie jetzt denken: Fremdgehen ist das Letzte. Fremdgeher sind herzlose Monster, egoistisch, selbstverliebt. PUNKT. Jetzt sag ich Ihnen aber: „Weg mit diesem alten Vorurteil." Lasst uns aus dem PUNKT ein KOMMA machen. Denn jedem von uns, wirklich jedem kann es passieren. Wenn nicht jetzt, dann vielleicht in ein paar Jahren. Es kann, muss aber nicht.

Jetzt wird der ein oder andere von Ihnen denken: „Nein, ich nicht. Ich bin stark, ich würde widerstehen." Gut, das glaube ich Ihnen sogar. Aber was passiert, wenn Sie in dem Moment schwach sind? Wenn Ihr bis dahin so perfektes Leben wie ein Kartenhaus zusammenfällt und Sie nichts mehr haben, an dem Sie sich festhalten können? Wenn diese Person dann der einzige Mensch ist, der Ihrem Leben noch Sinn gibt?

„NEIN!", schon wieder ein Aufschrei. Das kann man seinem Partner nicht antun. Da muss man doch den Verstand eingeschalten lassen.

Ich erzähle euch dazu einmal eine kurze Geschichte: Es war einmal eine Frau, Mitte vierzig, attraktiv, zwei Kinder und einen ebenfalls noch sehr attraktiven Mann. Sie wohnten in einem noblen Stadtteil in München, in einem schicken Häuschen, das längst abbezahlt war. Beide Kinder machten gerade Abitur und der Mann verdiente als Pilot gutes Geld. Die Frau selber leitete eine kleine Boutique. Ihr Sexleben war gut und das Familienleben perfekt. So, nun geht diese Frau jeden Morgen zu ihrer Boutique. Auf dem Weg dorthin trifft sie jeden Tag einen jüngeren Mann. Er ist Dealer und bietet ihr jeden Tag Koks an. Sie ist angewidert und denkt sich: Ich, nein so etwas brauch' ich nicht. Sie widersteht, weil sie stark ist. Weil die Umstände in ihrem Leben ihr Sicherheit geben. Das geht eine ganze Weile so, jahrelang. Trotzdem kommt es immer wieder einmal vor, dass der Dealer sie anspricht.

Dann passiert plötzlich etwas: Ihr Sohn schmeißt das Abi, ihre Mutter wird schwer krank und ihr Mann hat sich an der Börse verspekuliert. So, nun gerät das bisher so schöne und geordnete Leben ins Wanken. Ihr geliebter Mann ist plötzlich nicht mehr perfekt und die Familie schon gar nicht. Die Frau ist auf gut deutsch „fix und fertig", schleppt sich aber trotzdem wochenlang täglich in die Arbeit. Sie schafft es nicht, an der Situation etwas zu ändern, weil sie machtlos ist. Zum ersten Mal in ihrem Leben muss sie sich eingestehen, dass sie an der aktuellen Situation nichts ändern kann. Das macht ihr sehr zu schaffen und mit jeder durchlittener Woche, in der sie einfach nur noch funktioniert, schwindet ihr Selbstvertrauen und

Selbstwertgefühl mehr. Und eines Morgens, nachdem ihr zweiter Sohn ihr gestanden hat, dass er eine 17-Jährige geschwängert hat, steht er wieder da: der Dealer mit der vermeintlichen Lösung. Und die Frau denkt sich: „Was soll's, ein einziges Mal, was soll schon passieren, außer ein paar Stunden wieder unbeschwert sein?" Und sie kauft das Kokain und nimmt es. Punkt.

So, jetzt meine Frage an Sie: Verurteilen Sie diese Frau nun? Ja, es war ihre Entscheidung. Da gebe ich Ihnen vollkommen recht. Sie hätte auch „nein" sagen können, oder?

NEIN, konnte sie in dem Moment nicht. Weil äußere Einflüsse sie schwach gemacht haben, ohne dass sie es gemerkt hat.

Die Weltoffenen unter Ihnen werden bereits einen Zusammenhang zum Buchthema festgestellt haben. Ein paar stehen bestimmt noch auf dem Schlauch, der eigentlich der eigene Stolz und die eigenen Vorurteile sind. Aber dafür brauchen Sie sich nicht zu schämen. Sie haben ja bereits den ersten Schritt gemacht und sich dieses Buch gekauft. Sie sind bereit, etwas zu ändern. Das ist der zweite Schritt.

Das Problem und die Ursache sind zwei Paar Stiefel.

So, nun aber wieder zurück zur Frau. Das Gefühl war großartig, unbeschreiblich. Doch sie plagt das schlechte

Gewissen. Was tut sie ihrer Familie damit an, wenn das raus kommt? Tagelang quält sie sich mit den Gedanken. Bis sie es wieder tut, ein zweites Mal, ein drittes Mal.

Sind wir uns nun einig, dass diese Frau ein Problem hat? Aber dass ihr Problem nicht das Kokain ist? Das ist lediglich IHRE momentane Lösung. Das Problem liegt ganz woanders. Das zu vertiefen, würde jedoch den Rahmen des Buches sprengen, aber ich glaube, man muss kein Psychologe sein, um zu erkennen, wo angesetzt werden muss, damit sie die Droge nicht mehr braucht.

Mir geht es zu diesem Zeitpunkt nur darum, die Frau für das Koksen nicht zu verurteilen. Schaffen Sie das? Dann sagen Sie das jetzt laut vor sich hin: Ich verurteile diese Frau nicht für das Koksen. Lassen Sie diese Worte eine Minute auf sich wirken.

Dann ersetzten wir das Wort Koksen in der Geschichte nun durch das Wort Fremdgehen. Spielen Sie die Geschichte damit einmal durch, lesen Sie es erneut.

Und dann sagen Sie das Gleiche noch einmal:

„Ich verurteile diese Frau nicht für das Fremdgehen."

Es funktioniert nicht? Sie denken immer noch: Trotzdem darf man der Familie, dem Partner das nicht antun! Sie hätte vernünftig und standhaft bleiben müssen.

Dann habe ich noch eine Frage an Sie: Was ist Ihr größtes Laster? Schokolade, Zigaretten, Drogen, Alkohol? Dann verzichten Sie ab diesem Moment darauf. Hören Sie genau jetzt damit auf, bleiben Sie standhaft. Schaffen Sie das?

Wenn Sie es schaffen, dann gehören Sie zu den wenigen 10 Prozent, Glückwunsch. Schaffen Sie es nicht, haben Sie gerade zum ersten Mal betrogen, nämlich sich selbst.

**Nichts ist leichter,
als sich selbst zu betrügen,
denn was wir uns wünschen,
das glauben wir
bereitwillig.** *

(*Quelle: Internet)

Und jetzt werfen Sie alle Ihre Vorurteile zu diesem Thema weg und lasen sich auf mein Buch ein. Denn eine Affäre ist ein Segen für jede, wirklich jede Beziehung. Auch für Ihre.

Es geht immer nur um Sie!

Ich fange einmal mit dem wichtigsten Punkt an: Der sind Sie.

Sie haben sich dieses Buch gekauft, weil irgendwas an dem Titel Sie angesprochen hat. Läuft Ihre Beziehung gerade nicht gut, könnten sie etwas mehr Pep vertragen, sind Sie unzufrieden, ist Ihr Partner fremdgegangen oder hat bereits eine Affäre? Oder gehören Sie zu den 90 Prozent, die es in der Fantasie auch längst getan haben?

Ich möchte hier vorab einmal unterscheiden zwischen Fremdgehen und Affäre. Fremdgehen passiert situationsbedingt, gewollt, unter Alkohol, einmal, mehrmals, aber nie mit derselben Person. Eine Affäre entwickelt sich aus diesem Fremdgehen. Man erlebt diesen Kick mit dieser einen Person (wir denken an das Koks) und man will genau diesen Kick immer wieder. Also warum auf andere „Drogen" umsteigen, wenn man ja weiß, wie man es bekommt. Gewöhnt man sich einmal daran, wird es schwierig, davon wegzukommen. Womit wir beim Thema Psychiater wären, brauchen wir jetzt aber nicht. Wir alle wollen jetzt endlich wissen, warum eine Affäre unsere vertrocknete Beziehung ändern kann.

Ganz einfach, weil wir uns durch eine Affäre selbst verändern.

Aber eine Affäre beginnt im Kopf. 71 Prozent * der Männer denken beim Sex öfter an eine andere Frau ebenso, wie 59 Prozent der Frauen * an einen anderen Mann denken.

(*Quelle: Internet)

Dazu möchte ich Ihnen einen Kommentar in einem Forum mitteilen, bei welchem ich zuerst einmal schmunzeln musste.

Die Frage war: Ich habe heute in "Womans´ Health" gelesen, dass 71 Prozent der Männer beim Sex mit der eigenen Frau an andere Frauen denken. Ich finde das ziemlich daneben. Möchte gar nicht darüber nachdenken, dass mein Mann das auch macht. Stört euch das auch? Oder wie seht ihr das?

Antwort: Dann gehört meiner zu den anderen 29 Prozent.

Glaubt ihr Frauen und umgekehrt die Männer ernsthaft, dass euer Partner euch das sagen würde? Sorry, aber jetzt muss ich echt lachen. Also ich würde das nicht sagen. Außerdem ist ein bisschen „fremddenken" durchaus in Ordnung.

Diese Antwort ist dann realistischer:

Huch...darf ich als Frau dann auch nicht an andere Männer denken beim Sex?? Mein Gott, es sind FANTASIEN!

Ganz ehrlich, bei manchen kann ich das gestörte oder sogar schon nicht mehr vorhandene Verhältnis zum Partner verstehen. Darf man denn gar nichts mehr, wenn man verheiratet ist? Gibt es dann nur noch die eine/den einen? Körperlich, gedanklich, visuell??

Diese Frage kann sich jetzt jeder für sich selbst beantworten. Aber bitte ehrlich. Und dann auch dazu stehen, dass man schon einmal „fremdgeträumt" hat.

Und dann vergessen wir das ganz schnell wieder. Denn ganz ehrlich - wer fragt schon ernsthaft nach? Es gibt Dinge, die muss ich nicht wissen. Und jeder hat so seine Geheimnisse.

Aber diese Geheimnisse wollen wir nun ja gemeinsam aufdecken. Mit den Worten „Affären sind schlecht, das macht man nicht" kratzen wir an der Oberfläche. Aber wir gehen jetzt tiefer. Wir hinterfragen diese Aussage und werfen einmal alle Bedenken, moralisch vorgegebenen (von wem eigentlich?) Grundsätze über Bord und lassen uns jetzt auf eine Affäre ein, nur gedanklich.

Träumen erlaubt…

Stellen Sie ihn sich vor, den Mann, die Frau Ihrer Träume. Vielleicht ist es ein Arbeitskollege, ein Bekannter oder jemand aus einem Verein? Es darf auch gerne eine berühmte Persönlichkeit sein, alles ist erlaubt. Nur müssen Sie hin und weg von ihm/ihr sein. Wenn er/sie vor Ihnen steht, müssen Sie weiche Knie bekommen. Die meisten von Ihnen werden jetzt an einen Prominenten denken. Denn einzugestehen, dass auch eine Person in unserem näheren Umfeld seltsame Gefühle in uns auslöst, erfordert viel Mut. Die meisten verdrängen es, weil es ja sowieso nicht geht, weil es falsch ist. Aber es geht jetzt nur darum, es sich vorzustellen.

Also gehen Sie noch einmal in sich. Überlegen Sie, ob da nicht jemand war die letzten Monate oder Jahre, zu dem Sie sich hingezogen gefühlt haben? Der Sie rein körperlich zum Glühen gebracht hat.

Da gab es jemanden? Gut, HILFE, was soll daran gut sein? werden Sie sich jetzt fragen. Verheiratet oder vergeben und dann ist da plötzlich so eine Anziehung zu einer anderen Person? Nein, das darf doch gar nicht sein. Pfui Teufel, weg mit dem Gefühl, auch wenn's schön ist, ja nicht genießen. Nein, auf keinen Fall genießen. Weil unser Köper ja weiß, dass er, wenn er verheiratet ist, diese Hormone nie mehr produzieren kann. **Witz komm raus, du bist umzingelt!** Sorry, aber jetzt mal ernst: Ja, auch wenn Sie Ihren Partner lieben, kann es vorkommen, dass eine andere

Person Gefühle in Ihnen auslöst. Wieso, weshalb auch immer Sie in diesem Moment empfänglich für dieses Empfinden sind, steht auf einem anderen Blatt. Aber trotzdem sind die Gefühle vorhanden und wollen nicht verdrängt, sondern wahrgenommen und erlebt werden.

Man kann Gefühle verdrängen,
aber verschwinden werden sie
dadurch auch nicht ....
Denn der Nachteil
am Verdrängen ist,
dass irgendwann wieder
alles hochkommt. *

(*Quelle: Internet)

Die andere Person löst also ein Gefühl in Ihnen aus, und es fühlt sich schön an. Es fühlt sich an wie vor dem ersten Date oder dem ersten Kuss. Deshalb lieben Sie Ihren Partner in dem Moment nicht weniger. Und Sie gehen ihm nicht fremd. Sie müssen auch kein schlechtes Gewissen deswegen haben. Dieses Gefühl, sich zu jemand anderen hingezogen zu fühlen, ist einfach da.

Fällt Ihnen jetzt wieder eine Person dazu ein? Gut, dann nehmen Sie genau diese Person als Beispiel. Aber wie gesagt, gerne darf es auch ein Star sein.

Und jetzt ist Ihre Fantasie gefragt. Aber ich helfe Ihnen gerne auf die Sprünge. Stellen Sie sich bitte diese Person vor: Wie sie wohl riecht? Denken Sie, diese Person steht neben Ihnen, vor Ihnen, ihr lacht zusammen. Ihr seid alleine, ihr setzt euch nebeneinander hin. Sie können die Person riechen.

Da ist dieses Gefühl in Ihnen, welches nach mehr schreit, und der Kopf, der dagegen rebelliert. Trotzdem, gegen das Gefühl sind Sie machtlos.

Und zugegeben, es ist aufregend, oder? Einfach das zu spüren, sich von jemandem angezogen fühlen? Die Vorstufe von verliebt sein? Egal, es ist da und es wird nicht besser, wenn Sie es jetzt verdrängen. Denn alles, was Sie irgendwann verdrängen, kommt irgendwann später, an einem anderen Punkt in Ihrem Leben wieder zu Ihnen zurück.

Also lassen Sie es zu, genießen Sie es: Machen Sie die Augen zu und fange an zu träumen:

Die Person berührt zufällig Ihre Hand, die neben der ihren liegt. Diese zaghafte, unscheinbare Berührung reicht aus und Sie spüren es. Sie wollen mehr als diese eine Berührung, vielleicht einen Kuss? Oder noch mehr? Es ist schön, dieses Gefühl, das schon Jahre zurückliegt.

Ganz am Anfang Ihrer jetzigen Partnerschaft war es doch so, oder? Wenn nicht, dann trennen Sie sich von ihm/ihr und lassen sich auf das Neue ein. Sorry, ist so.

Aber ganz so einfach ist es meistens nicht. Denn dieses Gefühl ganz am Anfang, wenn alles neu ist, erlebt man meistens nicht nur einmal.

Dazu möchte ich gerne die „Glamour" zitieren: „ Hätte man Lothar Matthäus, Elizabeth Taylor und Heinrich VIII. gefragt, ob es nur die eine wahre Liebe gebe, so wäre die Antwort einheitlich und eindeutig "Nein" gewesen. Im Gegensatz zu diesen Fans der multiplen Eheschließungen hätten Romeo und Julia garantiert "Ja" gesagt."

Jedoch wollen wir jetzt nicht gleich von der großen Liebe reden. Für den Anfang ist da einfach nur eine Anziehungskraft zwischen zwei Menschen. Das könnte ich jetzt ausführlich mithilfe der Psychologie und den Ergebnissen der Attraktivitätsforschung erklären und keiner würde es verstehen, also spare ich mir die Mühe, zumal es mit einem einfachen Satz relativ schnell erklärt ist: Sie finden den/die andere/n begehrenswert, anziehend, schön oder auch einfach nur sexy.

Wieso, weshalb, warum ist doch egal.

Jetzt wäre es leicht, den nächsten Schritt zu machen: Die Berührung zu erwidern, verführerisch zu lächeln und vielleicht sogar ein Stück näher zu rücken, wenn da nicht die eigene Partnerschaft wäre. Und prompt meldet sich das schlechte Gewissen. Sie zucken zurück und gehen auf Abstand. In dem Fall versuchen Sie jetzt wahrscheinlich, die Gedanken aus Ihrem Kopf zu vertreiben. Gar nicht so leicht, oder? Einfach wäre es, wenn wir jetzt kein schlechtes Gewissen haben müssten. Wenn es ok wäre, was wir gerade gedacht und gefühlt hätten. Denn was würde dann passieren? Wir könnten es mit allen Sinnen genießen. Wir könnten uns in Gedanken darauf einlassen. Noch einfacher wäre es, wenn das Thema „Fremdträumen" kein Tabuthema wäre. Wenn wir offen darüber reden könnten, würde das einiges ändern. Es würde auch die Geschichte der Frau mit dem Kokain ändern. Aber darauf werden Sie im Laufe des Buches von selbst kommen.

So, jetzt haben Sie „Fremdgeträumt". Wie war's? Seien Sie ehrlich zu sich selbst, betrügen Sie sich nicht. Es war schön, oder? Jetzt gehen wir einen Schritt weiter. Wir setzen das, was Sie sich gerade vorgestellt haben, in die Realität um. Vielleicht geht es Ihnen wirklich gerade genauso, dann können Sie das jetzt besser nachempfinden.

Wenn Ihr Partner fremdgegangen ist, dann wissen Sie jetzt, wie es angefangen hat.

Denn diese Gedanken werden Sie, zuerst unbewusst, verändern. Auch wenn zu diesem Zeitpunkt noch nicht wirklich etwas passiert ist, bereiten Sie sich unbewusst darauf vor, dass etwas geschehen könnte. Immer wenn Sie wissen, dass Sie dieser Person begegnen werden, werden Sie anfangen, sich schöner zu kleiden,

Sie werden allgemein wieder mehr auf ihr Äußeres achten. Es sind oft nur Kleinigkeiten wie der Kaugummi im Mund, bevor Sie mit der Person sprechen, der Spritzer Parfüm, den Sie noch auftragen oder der Blick in den Spiegel, bevor Sie ihm/ihr gegenüberstehen. Sie werden in diesem Moment spüren, dass es zu kribbeln anfängt. Ein Gefühl, das Sie gierig in sich aufsaugen. Ja, es kann süchtig machen. Und Sie sind gerade dabei süchtig, zu werden.

Wovor du wegläufst, und wonach du dich sehnst, beides ist in dir. *

(*Quelle: Internet)

Aber die Gedanken sind frei...

Bis jetzt ist das alles auch noch vollkommen in Ordnung. Es wird uns zum Glück noch nicht vorgeschrieben, was wir zu denken haben. Was wir zu fühlen haben, allerdings schon. Sich zu jemand anderen hingezogen fühlen, wenn man bereits vergeben oder verheiratet ist, ist verboten.

Nur weiß das leider unser Körper nicht. Oder glauben Sie tatsächlich, dass sich in dem Moment unsere Hormone, die auf Fortpflanzung eingestellt sind, umprogrammiert werden? Im Ernst: Glauben Sie tatsächlich, dass Sie andere nicht mehr attraktiv finden?

Dass sich Ihr Mann beim Anblick einer verführerischen Frau nicht mehr denkt „Wow, die würde ich auch gerne einmal flachlegen"? Bang, willkommen in der Realität. Ich hoffe, es hat nicht zu sehr wehgetan.

Umgekehrt stehen die Frauen aber den Männern in nichts nach. Es wird sogar mehr über Sex geredet und anderen Männern hinterhergeschmachtet.

Nur findet das, dieses Gerede, niemand weiter schlimm. Warum das so ist? Weil es kein Tabuthema ist. Weil man darüber Witze machen kann und ihm dadurch die Schärfe nimmt. Es ist normal geworden, weil es ja sowieso fast jeder macht. Und weil es uns gut tut.

Es gibt uns Bestätigung, wenn wir ein Lächeln zurückerhalten, wenn wir angeflirtet werden. Es steigert unser Selbstbewusstsein. Was wäre, wenn es anders wäre, wenn wir auch hier negative Gefühle wie das böse „schlechte Gewissen" hätten? Wenn wir mit niemand darüber reden könnten? Wenn es verboten wäre? Wir könnten es zum einen nicht genießen, aber es hätte dadurch auch noch nicht an seinem Reiz verloren. Im Gegenteil: Weil es verboten = geheimnisvoll = interessant ist, gewinnt es an Interesse und wir fühlen uns noch mehr mit dieser Person verbunden. Wir sind ja nun Seelenverwandte sind, obwohl da auch nur dieser eine Blick war. Wir haben ein Geheimnis und Geheimnisse schweißen zusammen. Diese Person wird automatisch zu etwas Besonderen.

Das wäre nicht passiert, wenn ich offen in die Runde geworfen hätte: „Wow, schaut mal, die/der ist aber eine Schnitte!" Jeder hätte gelacht, manch einer hätte noch einen Kommentar dazugeben wie zum Beispiel: „Stimmt, da würde ich auch gern mal ran." Und das Thema wäre gegessen gewesen.

Man hätte sich wieder mehr auf das Gegenüber konzentriert statt auf die Person, die gerade vorbeigegangen ist. Weil es um diese Person ja gar nicht geht. **Diese Person löst nur etwas in uns aus, weil sie etwas hat, was uns fasziniert,** aber dazu später mehr.

Sie werden sich nun immer noch fragen, was das alles nun mit dem Fremdgehen zu tun hat. Ich möchte zuerst einmal klarstellen, dass ich weder dafür noch dagegen bin. Ich verdränge nur nicht, dass es existiert. Und zwar nicht nur irgendwo in der Großstadt, wo die Anonymität größer ist als auf dem Land oder in kleinen Städten. Selbst der anständige Nachbar, der immer akkurat den Garten in Schuss hält, die korrekt frisierte und gut gekleidete Vorsitzende des Elternbeirates, für die ihre Familie an erster Stelle steht, sie alle könnten es sein.

Menschen, die zu den 60 Prozent gehören, die schon einmal eine Affäre hatten.

So, jetzt sind Sie nicht unbedingt scharf darauf, dieses zu befürworten und sich nun Hals über Kopf in dieses zu Beginn aufregende Abenteuer zu stürzen. Sie werden aufgrund meiner wenigen Worten, die ich Ihnen bisher erzählt habe, nicht bereit sein, Ihrem Partner eine Affäre zu erlauben.

So, und nun kommt das große Aufatmen: Müssen Sie auch gar nicht, weder das eine noch das andere. Gehen Sie um Himmels willen bloß keine Affäre ein. Sie wird Ihr Leben ruinierten. Sie wird Ihnen den Schlaf rauben, Ihre Freunde, Ihre Familie, Ihr Leben. Und das Schlimmste ist, dass sie Schritt für Schritt Ihre Seele zerstören wird. Weil Sie nun einmal alle Ihre Prinzipien und damit Ihren Stolz über Bord geworfen haben.

Nur wird es nichts nützen, dass sie das nun wissen. Würden diese wenigen Worte reichen, um Menschen vor einem ihrer größten Fehler zu bewahren, könnte man sämtliche Ratgeber in die Tonne treten und wir hätten keine Fremdgänger oder Affären. Es gibt mittlerweile Hunderte von Ratgebern. Ich will diese gar nicht verurteilen oder über einen Kamm scheren. Aber sie bewirken nicht viel: Im Einzelnen haben sie bestimmt schon den ein oder anderen zum Nachdenken angeregt, aber im Großen haben sie nicht viel bewirkt. Es bringt ja auch nichts mehr, wenn das Kind schon in den Brunnen gefallen ist. Sie müsste durch solche ersetzt werden, welche die Ursache anpacken und nicht die Symptome.

Weil die Ursache Problem und Lösung gleichzeitig ist.

Aber was ist die Ursache, warum 60 Prozent für einen Seitensprung, für rein animalischen, triebgesteuerten Sex alles, was sie haben, riskieren? Und jetzt dürfen Sie sich alle einmal selber an der Nase packen, aber gesittet.

Der Grund sind nämlich Sie! Jetzt brauchen Sie gar nicht so verdattert zu schauen, Sie haben schon richtig gelesen. Jeder Einzelne ist der Grund dafür. Weil er dieses Thema zu einem Tabuthema macht. Weil keiner es schafft, offen darüber zu reden. Ratter, ratter …! Ok, es stimmt, es ist eine befremdliche Vorstellung, dass beim abendlichen Grillen mit den Nachbarn darüber gesprochen wird, dass man die neue Arbeitskollegin total heiß findet und dass man sie gerne einmal flachlegen würde, während die

Nachbarin zur eigenen Frau sagt, dass sie in Gegenwart ihres Mannes so ein seltsames Kribbeln un-terhalb der Gürtellinie verspürt. Bis wir einmal so weit sind, werden bestimmt noch 20 Jahre vergehen. Ich hoffe also, dass meine Kinder einmal in diesen Genuss kommen. Denn mir geht es in diesem Buch um das Jetzt.

Wir leben in der Gegenwart und in dieser gibt es nur eine einzige Möglichkeit, um mit diesem Thema offener umzugehen und ihm dadurch die Schärfe zu nehmen. Denn eigentlich ist es uns doch egal, mit wem die Nachbarin oder der Arbeitskollege wann sonst was treibt. Das verletzt oder ärgert uns nicht. Dies sorgt nur dafür, dass wir wieder einen Grund mehr zum Tratschen haben und für diesen Moment unser eigenes unperfektes, vielleicht sogar etwas langweiliges Leben vergessen. Ihr müsst einmal aufpassen, wenn ihr beim nächsten Mal wieder über jemanden herzieht, weil er seine doch so fürsorgliche Ehefrau betrügt. Wenn Leute zu diesem Thema nichts erwidern oder neutral bleiben, tun dies nur aus einem Grund: Weil diese Menschen in der Realität angekommen sind. Diese Menschen wissen, dass es jeden treffen kann. Nur werden sie das niemals offen zugeben. Jetzt noch nicht. Dazu sind sie noch in der Unterzahl. Dazu müsste einer davon den Mut haben und sagen: „Mir wäre das auch beinahe passiert. Ich habe mich da neulich sehr zu jemandem hingezogen gefühlt."

Im Idealfall fasst dann ein weiterer ebenfalls den Mut und erwidert: „Bin ich froh, dass es nicht nur mir so geht." Und was könnte derjenige erwidern, der gerade noch so abwertend über jemand anderen getratscht hat? „Mensch, ich bin ganz schön neidisch auf den, so ein Abenteuer hätte ich auch mal gerne."

Stellt euch mal so ein Gespräch vor, wäre das nicht der WAHNSINN? Jetzt werden viele damit kontern in welchem Land, zu welcher Zeit wir denn wohl leben, dass nun schon auch offen übers Fremdträumen oder Fremdgehen geredet werden soll. Das Beste daran ist, dass es egal ist, ob wir nun darüber reden. **Es geschieht ja bereits.** Wir können es nicht schlimmer machen, als es schon ist. Ich persönlich finde 60 Prozent sehr beängstigend. Aber was können wir nun tun? Vor allem wenn wir noch am Beginn einer Beziehung stehen. Wir können reden – und zwar mit unserem Partner. Und deshalb sollten wir, jeder Einzelne von euch, der dieses Buch liest, sich nun mit seinem Partner hinsetzen und den Satz, um den es in diesem Buch geht, aussprechen:

„Schatz, lass' uns fremdgehen!"

Jetzt, mit dem Wissen und der Anschauung, die sich vielleicht bis hierher ein Stück weit geändert hat, haben wir diesen Worten schon ein bisschen die Härte genommen.

Sie wirken nicht mehr so bedrohlich wie noch zu Beginn. Aber anfreunden können wir uns auch noch nicht damit.

Müssen wir auch gar nicht, jetzt noch nicht. Und jetzt dürfen Sie aufatmen, Sie dürfen sich dazu Hilfe holen: Ihren Partner. Denn alleine wird dieses Buch nichts bei Ihnen bewirken. Sie müssen die Erkenntnisse und was es in Ihnen aufwühlt, nach außen tragen. In Ihre Partnerschaft, in Ihren Freundeskreis, und dann, wenn es dort normal geworden ist, müssen Sie es hinaustragen in die ganze Welt. Aber was soll nun hinausgetragen werden? Was soll normal werden? Fremdgehen? Das, was alle für absolut verwerflich halten? Wo JEDER den Kopf schüttelt, sobald man ihn drauf anspricht, ob er so etwas jemals tun würde? Was aber 60 Prozent trotzdem tun. Ja, genau das meine ich.

Aber nein, ich habe jetzt nicht plötzlich meine Meinung geändert und Fremdgehen für gut empfunden. Ich bin nach wie vor der Meinung, dass es falsch ist. Genauso wie es falsch ist, dass niemand darüber redet.

Können wir nicht einfach anfangen, darüber zu reden?

Wie erwachsene Menschen, ohne zu urteilen und zu verurteilen. Warum können, dürfen wir nicht offen darüber reden, dass wir auch andere Menschen begehren? Es geht jetzt einfach nur darum, darüber zu sprechen. Könnte man damit nicht vielem schon den Schrecken nehmen? Würde das dann nicht bei vielen Paaren dazu führen, dass sie anfangen, über ihre Beziehung nachzudenken?

Denn das passiert als Erstes. Man fragt sich, was läuft in meiner jetzigen Partnerschaft falsch, weil ich mich plötzlich auch für jemand anderen interessiere? Dass da plötzlich wieder dieses Feuer in mir ist, das ich jahrelang vermisst habe? Wissen Sie noch, dieses Kribbeln, der erste Kuss, war es nicht fantastisch? Würden wir offen darüber reden, würde das hier schon einiges bewirken.

Allerdings nur, wenn der andere nicht gleich mit der Moralkeule kommt und damit die Offenheit, die den anderen Partner sehr viel Mut kostet, mit einem Satz zunichtemacht. Glauben Sie wirklich, nur weil Sie in dem Moment sagen "O nein, wie kannst du nur? Du darfst das doch nicht fühlen!" verschwinden diese Gefühle wieder? Glauben Sie das wirklich? Oder ist es nicht vielmehr so, dass Sie Angst davor haben, aus Ihrer Komfortzone herauskommen zu müssen?

Da greift jemand Ihr feines, nach außen hin anständiges Familienleben an und erinnert Sie daran, dass es eigentlich ja gar nicht so perfekt ist. Aber das wollen die meisten mit aller Gewalt verhindern. Deshalb darf niemand mit einer anderen Anschauung in das eigene Leben und schon gar nicht in das des Partners eintreten.

Nur ein Beispiel: Sie sind beide nicht recht sportlich, sondern nur Mittelmaß. Sonntags mal mit den Kindern Radfahren schaffen sie noch, mehr allerdings nicht. Dann trifft Ihr Partner auf eine andere Person, die ihn fasziniert, weil sie sehr sportlich, aktiv und weltgewandt ist. Warum fühlt er sich von diesem Menschen gleich so angezogen? Ganz einfach: weil dieser im Unterbewusstsein seine tiefsten Wünsche widerspiegelt. Bis er, und ich spreche hier speziell die Männer an, das allerdings begreift, hatte er bereits mehrere Jahre eine Affäre mit dieser Frau, die ihn irgendwann verlassen hat, weil sie das ewige Warten satt hatte. Und er lebt sein trostloses Leben weiter, bis er die nächste Affäre hat. Tatsächlich erleben das 90 Prozent der untreuen Männer so.

Weil sie entweder nicht den Mut finden, sich einmal die Frage zu stellen: Warum gehe ich fremd? Oder weil dieses Doppelleben und die damit verbunden Schuldgefühle sie so viel Kraft kostet, dass sie die Kraft, die sie zum Aufarbeiten dieses Problems dringend brauchen würden, schier und ergreifend nicht mehr haben. Diese Männer verschwenden alle Energie damit, die Frau so faszinierend zu finden, dass sie nicht auf den Gedanken kommen, einmal in sich zu gehen und sich zu fragen, warum jemand, und es ist in diesem Moment völlig egal wer, diese Gefühle in ihnen weckt.

Frauen sind den Männern hier einen gewaltigen Schritt voraus. Satte 50 Prozent würden sich nämlich für ihre Affäre trennen und sich auf das neue Leben mit allen Konsequenzen einlassen. Aber auch diese 50 Prozent, obgleich sie sehr viel mutiger sind, machen den gleichen Fehler wie das andere Geschlecht. Sie haben es von Beginn an versäumt, mit ihrem Partner offen darüber zu reden. Sie gehen lieber den einfacheren Weg einer Trennung, anstatt sich zu fragen, wie sie gemeinsam mit ihrem Partner ein erfüllendes Leben führen könnten.

Aber wie könnte so ein Gespräch denn ablaufen, wenn keine Vorwürfe, keine Schuldzuweisungen stattfinden würden? Was würde passieren, wenn man ehrlich und verständnisvoll mit dieser Situation umgehen würde? Stellen Sie es sich einfach vor. Ihr Mann/Ihre Frau eröffnet Ihnen eines Abends, dass es seit ein paar Wochen jemanden gibt, den man ungemein attraktiv findet und bei dem der Körper verrückt spielt, sobald man in seiner Nähe ist. Zugegeben, kein schönes Gefühl. Aber was wäre die Alternative? Das wissen wir bereits und dazu wollen wir es auf keinen Fall kommen lassen. Was würde passieren, wenn Sie nun Ihrem Partner ganz offen, ohne Wut oder Angst, dass er sie betrügen könnte, die Fragen stellen könnten: Was siehst du in Ihr/Ihm? Was fasziniert dich so? Ist es etwas, was du an mir vermisst? Was du in deinem Leben vermisst? Was wir beide verloren haben im Laufe der Zeit?

Im Fall der sportlichen Frau würde die Antwort wohl so ausfallen: „Sie ist so energiegeladen, gut gelaunt, sportlich, voller Tatendrang. SIE REISST MICH MIT."

Und genau das ist der Punkt. Alles, was ich vorher geschrieben habe, ist nur, was man in dem anderen sieht, was aber gar nicht existiert. Es ist nur, was man sich einbildet, in jemandem zu sehen. Denn dieser Mensch ist genauso einmal schlecht gelaunt, vielleicht unordentlich, unpünktlich oder jähzornig. Aber es ist natürlich klar, dass man das am Anfang nicht sieht oder sehen will. Das jemandem zu erklären, der gerade dieses Flattern im Bauch hat, würde wohl auch nichts bringen. Viel interessanter und wichtiger finde ich den letzten Satz: Sie reißt mich mit. Viel bequemer geht es nicht. Jemand, der mir Arbeit abnimmt, mich aus meiner Komfortzone lockt. Mir neue Anreize bietet, sodass ich nur mitziehen muss. Würde man diesen Reiz nicht von außen bekommen, müsste man sich einmal ernsthaft fragen, was man vom Leben möchte.

Leben beginnt außerhalb der Komfortzone.

Dazu braucht es Mut, Kraft, Ziele und das Gefühl, aufrichtig geliebt zu werden.

Aber es braucht keine kräftezehrende Affäre!

Ich habe bereits erwähnt, dass es dazu sehr viel Mut bedarf. Mut, den die meisten nicht aufbringen können, weil er mit sehr viel Kraft verbunden ist. Und wenn so etwas auch noch zu einem Zeitpunkt passiert, an dem die Kraftreserven aufgrund von Stress in der Arbeit, Problemen im Freundeskreis, Geldsorgen usw. aufgebraucht sind, hat es eine Affäre ganz leicht, sich in ein Leben zu schleichen. Denn sie reißt mit, gibt neuen Antrieb, zumindest am Beginn. Doch irgendwann merkt man, dass sie auch wahnsinnig viel Energie nimmt. Energie, welche schon zu Beginn kaum mehr vorhanden war. Die Folgen sind fatal. Menschen, die sich auf eine Affäre einlassen, klagen oft über Schlafstörungen, Panikattacken, Depressionen. Geschieht ihnen ganz recht, werden die meisten nun denken. Vor allem jene, welche schon einmal betrogen wurden.

Aber haben sie und unsere Gesellschaft nicht auch einen großen Teil dazu beigetragen, dass es so gekommen ist? Weil dieses Thema immer noch totgeschwiegen wird. Weil Menschen mit einer Affäre immer noch verachtet werden? Diese Menschen leiden im Stillen. Sie tauschen sich in unzähligen Foren im Internet aus und sind ein Stück weit erleichtert, dass sie hier Leidensgenossen finden, aber gleichzeitig wird ihnen auch die letzte Hoffnung genommen. Denn eine Affäre hat niemals ein gutes Ende. Man läuft nur weg. Und zwar nicht von dem aktuellen Partner, sondern vor sich selbst.

Es kann nicht richtig sein, dass man Bestätigung von außen finden muss, um mit sich selbst im Inneren glücklich zu sein. Denn das Äußere wird sich verändern, immer wieder, das ist der Lauf der Zeit. Werden von den ersten Ehen nur 50 Prozent geschieden, so sind es bei der zweiten Ehe schon 70 Prozent, Tendenz steigend. Es macht also nicht glücklich. Weder eine Affäre zu führen, noch sich für die Affäre und gegen die eigene Familie zu entscheiden.

*24.10.2014, Ute, 42 Jahre: „…Weiß auch gar nicht mehr, ob ich meinen eigenen Mann doch noch liebe, es ist so viel kaputt gegangen in den letzten Jahren. Eine Paartherapie haben wir auch abgebrochen.. Weiß nur, dass ich nicht zurück in mein langweiliges Leben möchte! Bin aber wirtschaftlich an Eigentum und Kredit gebunden. Verlange ich zu viel vom Leben?....." *** *

Sie möchte nicht zurück in ihr langweiliges Leben? In ihren Augen ist ihr Mann für das langweilige Leben verantwortlich. Ihre Affäre hingegen hat ihr Leben aufgepeppt, es aufregender und lebenswerter gemacht. Ute hätte sich doch nur einmal mit ihrem Mann zusammensetzen müssen und sich ehrlich die Frage stellen sollen, was beide vom Leben wollen. Und nachdem das geklärt war, sich selbst die viel wichtigere Frage stellen, was will ich vom Leben?

31.05.2007, Elena, 35 Jahre, verheiratet, 2 Kinder: „ ....wir wollten beide nur "unseren Spaß"...ein bissle "Ablenkung" vom Alltagsstress ...."

Diese Ablenkung hat ihre Affäre ihr gegeben. Ohne dass sie etwas dafür tun musste. Sie musste sich nicht stundenlang hinsetzen, über ihr Leben nachdenken, sich Gedanken machen, was sie tun könnte, was sie sich Gutes tun könnte, damit ihr Leben wieder mehr Pep und Schwung bekommen würde. Diese „Arbeit" hat ihr die Affäre einfach abgenommen. Sie trat in ihr Leben und bereicherte es mit einem Schlag. Wer mag bei so etwas, trotz des schlechten Gewissens, das wohl viele dabei haben, an etwas Schlechtes denken? Wo der andere doch viel mehr als der eigene Partner dazu beiträgt, dass das Leben wieder so viel mehr Spaß macht.

Ja, dieses schlechte Gewissen. Auf der einen Seite ist es ja gut, dass wir es haben, es wurde uns ja schließlich jahrelang eingebläut, dass wir es haben müssen, wenn wir lügen, stehlen oder betrügen. Nach den Gründen fragt in diesem Fall niemand. Man wird verurteilt. Da sich daran so schnell auch nichts ändern wird und selbst dieses Buch nur einen kleinen Denkanstoß in diese Richtung geben kann, will ich darauf, auf die rücksichtslose Denkweise vieler Menschen, erst einmal nicht näher eingehen. Es geht um das schlechte Gewissen.

Jeder, der zum ersten Mal eine Affäre eingeht, wird am Anfang damit geplagt sein. Denken Sie, oder?

Wenigstens ein schlechtes Gewissen sollte ein Untreuer haben – viele meinen, Schuldgefühle nach einem Seitensprung seien das Mindeste an Strafe, was einem Betrüger zustehen sollte. Als moralische Folge muss sich der Fremdgeher möglichst schlecht fühlen. Seine Gewissensbisse sollen ihm das erotische Abenteuer vergällen – dann wäre zumindest pro forma der Gerechtigkeit Genüge getan. Sehen Sie das auch so?

Aber wir wissen ja nun bereits, dass das nichts bringt. Diese Schuldgefühle beschäftigen den Menschen so sehr, er verrennt sich regelrecht in diese, sodass er an nichts anderes mehr denken kann. Er kann zum einen den nun ja mal bereits geschehenen Seitensprung nicht genießen und er kann keine Kraft mehr aufbringen, um nach den Gründen zu suchen.

genießen – reden – warum

Genau in dieser Reihenfolge und nicht anders. REDEN Sie endlich darüber, offen und ehrlich. Lassen Sie Ihren Partner dieses Buch lesen. Und dann reden Sie zuerst darüber, diskutieren über das ein oder andere, und irgendwann werden Sie an den Punkt kommen, an dem sich endlich einer traut, den anderen zu fragen, wie er das sieht? Was er fühlt? Denn hier liegt oft das Problem. Wir wissen zwar das Lieblingsgericht unseres Partners, was ihn nervt usw., aber wir wissen oft nicht, wie er wann fühlt. Weil wir nicht nachfragen. Wir wissen nicht, ob er nicht bereits schon öfter daran gedacht hat, einmal mit Ihnen darüber zu reden, wenn ihm vielleicht etwas schwer auf dem Magen liegt, was er sich Ihnen nicht zu sagen traut. Sie wissen nicht, wie er sich gefühlt hat, als er dieses Buch las? War er erleichtert, weil es anderen ähnlich geht, weil auch er/sie schon einmal solche Gefühle hatte? Hat er/sie vielleicht auch Angst, dass so etwas einmal passieren könnte? Weil ihr/ihm bewusst ist, dass es jeden treffen kann? Aber er/sie weiß einfach nicht, wie er/sie das verhindert könnte. Denn viele glauben immer noch, dass so etwas von einer Minute auf die andere passiert. Aber eine Affäre entwickelt sich meistens genauso, wie ich es im diesem Buch beschrieben habe. Da sind oft über Monate hinweg vorsichtige, kleine Annäherungsversuche, liebevolle Gesten. Man tastet sich heran, genießt dieses plötzliche Gefühl des Verliebtseins. Und auch das ist wichtig: dass man es zu diesem Zeitpunkt noch GENIESSEN kann.

Denn wenn man diese Gefühle genießt, ohne dabei ein schlechtes Gewissen zu haben, wird man sich automatisch verändern. Das eigene positivere Lebensgefühl, das neu gewonnene Selbstbewusstsein und das verbesserte Erscheinungsbild wird Ihre Beziehung schon bald bereichern. Vielleicht haben Sie auch wieder mehr Lust auf Sex und können dies mit ihrem Partner ausleben. Jetzt ist es wichtig, dass Sie kein schlechtes Gewissen haben. Denn dann kommt der nächste, der wichtigste Punkt.

Jetzt müssen Sie sich mit Ihrem Partner zusammensetzen, um darüber zu reden. Denn jetzt ist noch nichts passiert, wofür sich der plötzlich Verliebte schämen oder sich gar schuldig fühlen müsste. Er kann rein gar nichts dafür, dass er für eine andere Person solche Gefühle entwickelt hat. Und es muss auch nicht zwangsläufig etwas mit der aktuellen Beziehung zu tun haben. Die Partnerin/der Partner darf deshalb nun auf keinen Fall anfangen, den Fehler bei sich zu suchen. Es geht hier nicht um gekränkte Eitelkeit. Es geht darum, nach einer offenen und ehrlichen Antwort auf das WARUM zu suchen, und zwar gemeinsam.

Kinder streiten sich und spielen danach

trotzdem wieder miteinander.

Warum?

Weil ihnen Glück wichtiger ist als ihr Stolz! *

(*Quelle: Internet)

Lasst uns wieder wie Kinder sein. Stolz hindert uns an unserem eigenen Glück.

Bis wir aber einmal so weit sind, dass wir dann, wenn dieser Punk gekommen ist, mit unserem Partner reden, muss noch viel in unserem Kopf passieren. Denn wenn der andere uns gesteht, dass er sich in eine andere/ einen anderen verliebt hat, fühlen wir uns angegriffen, bedroht, verraten und verletzt. Man ist wütend, enttäuscht. Wie kann der andere einem das nur antun!?

Da genau hier das Problem liegt, der Grund, warum so ein Gespräch nicht möglich ist.

Sie sind enttäuscht. Das ist doch wunderbar. Wie bitte? werden Sie sich jetzt denken. Ja, Sie haben schon richtig gelesen. Ich habe mich nicht verschrieben. Aber bitte lesen Sie doch das Wort noch einmal: **ENT-TÄUSCHT!** Jemand hat Ihnen die Täuschung genommen. Sie müssten Ihrem Partner also im Grunde genommen dankbar sein, dass er Ihnen diese Täuschung genommen hat. Die Täuschung, dass so etwas nicht passiert, vor allem nicht in der eigenen Beziehung und schon gar nicht einem selbst. Die Täuschung, dass Ihre Beziehung oder Ehe perfekt ist. Er hat Ihnen die Täuschung genommen. Denn das, was Sie sich da einreden, ist nur eine Illusion. Denken Sie an die 60 Prozent...

Sie sind wütend. Ja, auf wen denn? Auf Ihren Partner, weil er plötzlich so schöne Gefühle hat, die Sie auch gerne wieder einmal hätten? Sind Sie wütend, weil er diese Gefühle nicht mehr für Sie hat? Oder sind Sie in Wahrheit wütend auf die andere Person, weil sie das verkörpert, was Sie vielleicht gerne wären oder wie Sie gerne auf Ihren Partner wirken möchten? Wütend ist man nur dann, wenn jemand anderes etwas hat, was man selber gerne hätte. Was man sich aber oft zu dem Zeitpunkt noch nicht eingesteht. Ihre Wut richtet sich also in erster Linie nicht auf Ihren Partner, sondern auf Sie selbst. Dafür kann Ihr Partner jetzt allerdings nichts. Also machen Sie ihm dafür keine Vorwürfe. Finden Sie stattdessen heraus, was die Wut mit Ihnen macht, was sie bewirkt.

Mein Partner hat mich verletzt. Ja, um Himmels willen, hat Sie Ihnen gerade ein Messer in die Brust gerammt? Wenn Sie nicht gerade erst 20 Jahre alt sind und das Ihre erste Beziehung ist beziehungsweise Sie vor der ersten stehen, frage ich mich ernsthaft, ob Sie diese Aussage nun wirklich ernst meinen. Sie sind doch eine erwachsene Person, die schon sehr viel im Leben mitgemacht hat. Wirklich schlimme Erfahrungen, Erfahrungen, in denen es um Leben und Tod ging. Ereignisse, die Sie an den Rand Ihrer Kraft gebracht haben. Krankheiten, die Sie überstanden haben.

Und dann wollen Sie mir wirklich weismachen, dass Sie das verletzt? Aber warum verletzt Sie das? Warum verletzt Sie es, wenn Ihr Partner nun so ehrlich zu Ihnen ist und Ihnen seine Gefühle mitteilt? Haben Sie Angst vor diesen Gefühlen? Angst, weil Sie nun selbst Gefühle zeigen müssen? Werden Sie nun schmerzhaft daran erinnert, wie verletzlich Sie sind? Können Sie das, was sein Geständnis mit Ihnen macht, einfach nicht zeigen und schalten deshalb sofort in den „Wie-kannst-du-nur-Abwehr-Modus"? Doch Sie wissen nun ja, wohin der führt. Der führt dazu, dass sich Ihr Partner wieder vor Ihnen verschließt und dazu, dass aus diesen Gefühlen eine Affäre wird.

Sie haben Angst. Angst ist aber nicht echt. Ja, aber ich fühle sie doch, werden Sie jetzt sagen. Angst ist nur eine Produktion der eigenen Gedanken. Angst existiert also nicht. Was Sie jetzt gerade fühlen, fühlen Sie nur, weil Sie sich einreden, dass Sie es fühlen müssen. Im Vergleich zu dem Gefühl, wenn man sich bedroht fühlt, ist es wieder etwas anderes. Gefahr ist echt, Angst allerdings ist ein Hirngespinst.

Ja, aber ich fühle mich durch die andere bedroht.

Lauert er/sie Ihnen mit einem Messer auf, bekommen Sie Drohanrufe oder Pakete mit Inhalt wie im Horrorfilm? Nein? Ja, warum fühlen Sie sich dann bedroht? Weil diese fremde Person sich in Ihre Beziehung drängt? Was würde passieren, wenn Sie hier einfach dankbar sein könnten. Wenn sie dieser Person dafür danken könnten, dass sie Sie und Ihren Partner daran erinnert, wo es im Einzelnen und als Paar bei Ihnen noch Ausbaubedarf gibt. Wäre das nicht großartig?

Aber dazu müssten Sie erst einmal Ihren Stolz über Bord werfen.

Das heißt, sich einzugestehen, dass Sie es nicht geschafft haben. Drücken wir es einmal dramatisch aus: Sie sind gescheitert. Daran, dass Sie eine monogame Ehe führen, daran, dass Sie diesen Schwur, den Sie sich vor Gott gaben, gebrochen haben.

Ich gehe einmal davon aus, dass Sie sehr christlich sind und bestimmt zweimal im Monat in die Kirche gehen? *Ironie* Aber ich will hier gar nicht näher auf die Glaubensfrage eingehen. Ich bin der festen Überzeugung, dass jeder, der dieses Buch liest, irgendeinen Glauben hat. Und aus für ihn wichtigen Gründen nach diesen Glaubenssätzen, wie zum Beispiel der Treue und Ehrlichkeit, lebt.

Sie haben damals also vor Gott oder, wenn Sie noch nicht verheiratet sind, vor sich selbst geschworen, Ihren Partner zu lieben, zu ehren, ihm die Treue zu halten in guten wie in schlechten Tagen usw. Jetzt könnte man natürlich hergehen und das mit der Treue noch einmal definieren. Doch hier gehen die Meinungen so weit auseinander, dass ich es hier in diesem Buch nicht schaffen werde, mit Ihnen noch auf einen gemeinsamen Nenner zu kommen.

Sich in jemand anderen verlieben bzw. glauben, Gefühle zu haben, die Sie total aus der Verfassung bringen, haben mit Treue allerdings nicht mehr viel zu tun. Da sind wir uns einig. Aber wir bzw. Sie und Ihr Partner haben sie sich nun mal geschworen. Vor Gottes Angesicht oder einfach als sie die Beziehung eingegangen sind.

Sie haben im Beispiel mit Gott jemandem die Treue geschworen, der dafür gesorgt hat, dass eine Jungfrau schwanger wurde, dass Adam und Eva nackt waren und Eva der Versuchung nicht widerstehen konnte. Und bei all diesen „Skandalen" hat er einfach nur zugesehen. Wenn er so viel Macht hat, dass er sogar die Erde erschaffen kann, dann hätte er dieses Dilemma wohl auch verhindern können, wenn er es gewollt hätte. Was ist, wenn in Wirklichkeit dieser Gott viel großzügiger und weltoffener ist, als wir es uns vorstellen können? Was wäre, wenn er nur als ein Ganzes existiert und nicht als diese eine Person, die wir uns immer gedanklich vorstellen? Was wäre, wenn er das Universum wäre? Die Luft, die wir einatmen, das Gras, über das wir laufen? Was wäre, wenn es ihm gar nicht um solche, in seinen Augen Lappalien ginge, sondern er vielmehr versuchen würde, das große Ganze im Rahmen zu halten? Wenn er viele, kleine Prüfungen in unser Leben schicken würde, damit wir an uns reifen und somit zu unserem großen Ganzen finden? Das wäre nämlich nicht möglich, wenn wir ein Leben ohne Tiefen leben dürften.

„Wer leidet, der lebt".

In Momenten, in denen wir leiden, entwickeln wir uns weiter. Wir müssen es nur zulassen. Wir dürfen nicht verbittern, nicht nach äußeren Gründen suchen, sondern, egal wie groß der Schmerz und die Wut auch sein mögen, wir müssen nach dem Grund im Inneren suchen. Was wäre, wenn nun Gott dafür verantwortlich wäre, dass Ihnen oder Ihrem Partner so etwas passiert ist? Dass er/sie sich fremdverliebt oder das er/sie sogar eine Affäre eingegangen hat? Was wäre, wenn das Universum Sie genau an diesen Punkt hingeführt hat, weil es für Sie die richtige Prüfung ist, um daran zu wachsen?

Dann können Sie zum einen dankbar sein, dass es „nur" so etwas ist. Schlimmer wäre nämlich ein Alkoholproblem, Spielsucht usw. Also seien Sie jetzt erst einmal dankbar. Sie als Partner, der gerade damit umgehen muss, dass Ihr Mann/Ihre Frau sich verliebt hat oder fremdgeht.

Seien Sie beide dankbar. Dankbar für diese Chance, die Ihnen das Universum gegeben hat.

Lesen Sie sich die letzten Absätze noch einmal durch und wenn es sein muss noch ein weiteres Mal. Bis Ihre Angst, Ihre Wut, Ihr Gefühl, bedroht zu werden, und Ihre Schmach vor Gott verflogen sind. Bis Sie sich von diesen Gefühlen, die nur von Ihnen ausgehen, befreien können.

Und dann stellen Sie es sich wieder vor, dieses Gespräch zwischen Ihnen und Ihrem Partner/Ihrer Partnerin. Sie dürfen, ja sollen jetzt neugierig sein. Stellen Sie Fragen wie zum Beispiel: Wann ist es passiert, wann hat es angefangen, wie hat es angefangen, was fasziniert dich so an der anderen Person?

Wir brauchen jetzt keine Angst mehr vor den Antworten haben, weil wir ja nun wissen, dass sie nichts mit uns zu tun haben. Dass uns keine Schuld trifft. Blicken Sie vielmehr von außen auf die Situation und versuchen Sie, diese nüchtern und klar zu beurteilen. Was sehen Sie dann?

Eine Person, die ihren ganzen Mut zusammennimmt und sich ihrem Partner, dem sie die Ehrlichkeit und Treue geschworen hat, offenbart.

Ist das nicht wahnsinnig schön? Solch ein Gespräch kann eine Partnerschaft zu ihren innersten Träumen und Sehnsüchten bringen.

Dass das nicht einfach ist, ist mir klar. Aber es ist möglich. Wenn beide es wollen. Denn tun sie es nicht, schaffen sie diesen Schritt nicht, wird aus der Verliebtheit Ihres Partners / Ihrer Partnerin eine Affäre entstehen. Wenn Sie also eine offene Beziehung führen, in denen Schwächen und Fehler erlaubt sind, werden Sie diese im Keim ersticken können.

Nehmen wir noch einmal die Geschichte, die ich Ihnen am Beginn des Buches erzählt habe.

Wenn bei dieser Familie solche Gespräche an der Tagesordnung wären, würden auch die Kinder davon profitieren. Sie würden ihre Probleme eher offenlegen, weil sie keine Angst vor möglichen Vorwürfen und Schuldzuweisungen hätten. Sie würden sich viel leichter offenbaren, weil sie es ja von den Eltern so vorgelebt bekommen. Und dann hätte die Frau vielleicht auch schon früher erfahren, dass ihr Sohn eigentlich einen anderen Berufswunsch hat, dass er nicht in die Fußstapfen seiner Eltern treten will. Sie hätte von ihrem Mann erfahren, dass er kurz vor einem Burnout stand und sich den Kick, den er brauchte, um sich wieder lebendig zu fühlen, an der Börse holte. Und dann hätte sie die Affäre womöglich nie gebraucht. Weil sie dann mit ihrem Mann schon viel früher Gespräche nach dem Warum, was kann jeder für sich ändern, was können wir verändern, geführt hätte.

Aber leider brauchen wir Menschen, wie bereits erwähnt, einen Wink vom Universum. Eine Prüfung, die uns wieder zu uns selbst führt, zu unseren Wünschen und Sehnsüchten.

Was würden Sie diesem Paar nun raten? In diesem Fall ist es natürlich schwieriger, weil sich viele Probleme ineinander verschachtelt haben und es somit nur noch zu immer größeren Problemen geführt hat. Und doch ist es auch wieder so klar und einfach: Schuldzuweisungen, Zorn oder Wut bringen hier keinen weiter. Es kostet jeden nur zu viel Kraft, die er eigentlich zum Aufarbeiten der Probleme bräuchte.

Aber einfach verzeihen? Das mit der Börse ginge ja noch. Dass der Sohn die Schule geschmissen hat ebenfalls. Aber den Seitensprung der Frau? Merken Sie es selbst? Hier sperrt sich immer noch etwas in uns. Wir sind immer noch nicht frei von diesem Vorurteil. Wir können verzeihen, dass der Mann die Familie beinahe um die ganze Existenz gebracht hätte, weil er zu feige war, sich selbst zu stellen. Wir können auch dem Sohn verzeihen, der seinen Eltern jahrelang Unmengen von Geld für sein Studium, das er eigentlich nie wollte, abgeknöpft hat. Dass er den Eltern nicht die Wahrheit gesagt hat. Wir können es verzeihen, weil wir es nicht gemerkt haben, nicht merken wollten. Aber dass sich die Frau in eine Affäre geflüchtet hat, das können wir nicht so einfach verzeihen. Ja, wo kämen wir denn da hin, wenn das so einfach ginge! Dann würde es ja jeder tun, weil er keine Angst mehr dafür haben müsste, dass dadurch seine Beziehung in die Brüche ginge.

Denn ja, es gibt auch welche, die es einfach tun. Ohne Gründe, immer und immer wieder. Werden Sie jetzt denken. Ich will Ihnen dazu eine Aussage einer Frau nahebringen, die jahrelang mit einem Mann zusammen war, der sie laufend betrog.

Maike, 38: „In meiner Jugend war ich mit jemandem zusammen, der mich immer wieder betrog. Ich wusste das vom ersten Tag an, ich wusste, wie er war. Aber ich spürte auch, dass er mich liebte, und mir fehlte es an nichts, deshalb blieb ich. Ich hatte immer die Hoffnung, dass meine, unsere Liebe ausreichen würde, dass er irgendwann damit aufhören würde. Aber das tat er nicht. Deshalb bot ich ihm an, gemeinsam eine Therapie zu beginnen. Obwohl ich noch sehr jung war, war mir zu diesem Zeitpunkt klar, dass er es nur tat, weil er vor seinen familiären Problemen davonrannte. In seiner Familie lief vieles schief, das wusste ich damals bereits und ich sah, wie er dieselben Fehler machte. Mehrmals unternahm ich Versuche, mit ihm gemeinsam eine Lösung zu suchen. Leider hatte er nicht den Mut dazu.

Er flüchtete sich lieber in neue Affären, um sich seinen Problemen nicht stellen zu müssen. Irgendwann, nach fünf Jahren, als ich an dem Punkt angelangt war, dass ich eine Familie gründen wollte, ging ich. Ich wollte meinen Kindern ersparen, dass sie das gleiche vorgelebt bekommen, das sie selbst einmal so werden. Ich wollte und konnte mit diesem Mann keine Familie gründen. Denn in meinen Augen war er feige. Feige, weil er sich nicht helfen ließ. Feige, weil er nicht offen darüber redete. Feige, weil er nicht bereit war, Opfer zu bringen, um mit mir ein glückliches Leben zu führen. Wir haben uns beide sehr geliebt. Und ich bin der Meinung, dass wir das auch heute noch tun würden. Mittlerweile ist er verheiratet und hat drei Kinder von zwei verschiedenen Frauen. Er hat einfach so weitergemacht. Solange er wieder jemand Neuen an seiner Seite hat, entsteht keine Leere in ihm. Und wenn keine Leere in ihm ist, braucht er sich nicht zu fragen, braucht er sich nicht damit zu beschäftigen, wie er diese ausfüllen könnte. Seine Affären füllen seine Leere in ihm. Ich frage mich immer noch oft, ob er glücklich mit seinem Leben ist? Oder ob ich genau die Person gewesen wäre, die das Universum für ihn bereitgehalten hätte? Die Person, die ihn daran erinnert, welche Probleme er im Inneren mit sich trägt, die es aufzuarbeiten gilt. Aber es ist ja so viel leichter, davon zu laufen, immer wieder. Ich ging also, weil er feige war, aber nicht, weil er mich betrogen hatte. Denn eigentlich hat er immer nur sich selbst betrogen und tut es immer noch."

Die Geschichte von Maike hat mich sehr berührt. Und zwar deshalb, weil es nur wenige Menschen wie sie gibt. Menschen, die nicht verurteilen, sondern Menschen, die zuhören, nachfragen, verstehen wollen. Menschen, die offen sind dem Leben gegenüber. Mit all seinen Facetten, Ängsten, Sorgen. Jeder Mensch ist so individuell, so besonders, dass es sich lohnt, um ihn, mit ihm zu kämpfen.

Menschen, die nicht so sind wie Maike, werden diesen Menschen verurteilen. Sie sehen nur das Äußere. Sie sehen einen Mann, der jede Frau betrügt. Dabei hat er seine Gründe. Wer jeder, wirklich jeder, der das macht. Wenn diese Frau nun den Mut aufbringt und mit ihrem Mann offen über ihre Fehler und Schwächen redet, wenn ihr Mann das gleiche tut, können wir dann beiden verzeihen? Können wir uns selbst verzeihen, wenn wir Fehler machen? Weil Fehler nun einmal im Leben dazugehören? Können wir alle unsere Vorurteile ablegen und offen sein für die Schwächen und Fehler des anderen? Können wir es als Geschenk sehen, wenn der andere sich offenbart, mit uns Gespräche über sein Innenleben führt?

Wenn wir dazu bereit sind, dann ändert sich schon eine Menge.

Zuerst werden wir die Veränderung in unserer Beziehung spüren. Dann in unserer Familie. Diese Veränderung wird auch dem Freundeskreis nicht verborgen bleiben. Und dann müssen wir weiter mutig sein. Das, was wir denken und fühlen auch in unseren Freundeskreis weitertragen. Somit hat jeder die Möglichkeit, ein Stück weit dazu beizutragen, dass es mehr glücklichere Beziehungen und damit mehr glücklichere Menschen um uns herum gibt. Das wiederum ist dann wie ein Teufelskreislauf, aber dieses Mal ein positiver.

Wir werden uns so wohl, so angenommen und so geliebt fühlen, dass wir eine Affäre nicht brauchen werden. Wir erfahren in unserer Partnerschaft so viel Verständnis, in unserem Freundeskreis so viel Unterstützung, dass wir die Affäre im Keim ersticken können. Denn genau das ist es, worauf wir einen Einfluss haben. Genauso wie wir also bis jetzt durch unsere Ignoranz, durch unser Scheuklappendenken, dazu beigetragen haben, dass sich 60 Prozent einmal oder sogar mehrmals in ihrem Leben in eine Affäre flüchten, können wir nun durch unsere Offenheit, mit unserem Verständnis und mit ganz viel Mitgefühl das Blatt wenden. Wir haben somit eine Chance, die Statistik zu ändern. Unsere einzige Chance.

Das wäre einfach, oder? Personen, die in einer funktionierenden und erfüllenden Partnerschaft leben, werden sich jetzt leicht tun, über dieses Buch zu sprechen. Es ist ja noch nichts passiert. Und es fällt nun einmal leicht, über eine Situation zu sprechen, die noch gar nicht eingetroffen ist. Weil alle Gefühle, die es uns in diesem Moment so schwer machen, darüber zu reden, noch gar nicht existieren. Unser eigener Stolz steht uns noch nicht im Weg.

Und außerdem werden einige von Ihnen denken (wie es mir immer mit vielen Ratgebern geht): In der Theorie hört sich das ja wirklich recht nett an. Und den meisten werden meine Gedanken auch einleuchten. Aber funktioniert das auch in der Praxis? Das habe ich mich selbst auch gefragt, obwohl ich natürlich der festen Überzeugung bin, dass genau dieser Weg der richtige ist. Und der einzige Weg, das herauszufinden, war es, das in die Praxis umzusetzen, was ich mir da so im meinem Kopf zusammengereimt hatte.

Aber mir war natürlich klar, dass ich nicht so einfach wildfremde Leute ansprechen und sie darum bitten konnte, mir die heikle Frage zu beantworten: Würden Sie, wenn sich Ihnen die perfekte Gelegenheit bieten würde, fremdgehen?

Also musste ein neuer Plan her. Das Internet bietet sich ja dabei geradezu an. Die Anonymität ist hier am größten und hier würde es nur so von Menschen wimmeln, die auf der Suche nach einer Affäre sind. So dachte ich zumindest. Da ich mich aber dazu nicht unbedingt in einem einschlägigen Portal anmelden wollte, bin ich hier bald gescheitert. Zufällig fiel mir ein paar Tage später die Tageszeitung in die Hand und ich blätterte gedankenverloren durch die Seiten, bis ich irgendwann bei den Kontaktanzeigen hängen blieb. Und hier wurde ich endlich fündig, gleich drei Anzeigen von Suchenden:

Jens, 53, verheiratet, sucht Gleichgesinnte für erotische Stunden. Absolut diskret. 01XXXXXXX

Männlich, 45, möchte besondere Stunden erleben. Bist du (30 bis 50, verheiratet) auch manchmal einsam, dann melde dich. 01XXXXXXXX

Vernachlässigte Hausfrau möchte gerne wieder einmal verwöhnt werden. Treffen nur in Hotels möglich. Bist du zwischen 30 und 50 und gut gebaut, dann melde dich. 01XXXXXX

Ja, es gibt sie also, und das zur Genüge, diese Partnerschaften, die bereits mitten in einer Krise stecken. Auch denen will ich Mut machen – ihr schafft es. Auch die, die bereits in einer Affäre stecken. Ihr kommt da heil wieder raus. Und zwar genau, nachdem sie dieses Buch gelesen haben.

Was also, wenn aus dem „Schatz, lass' uns fremdgehen"
ein „Schatz, ich bin fremdgegangen" wird? Wenn es gar
Ihr Partner wäre, der so eine Anzeige geschaltet hätte?
Dann ist im ersten Moment alles, was Sie gerade gelesen
haben, wieder vergessen. Es ist kein Platz für Verständnis,
Mitgefühl und Liebe. Was wäre aber, wenn Ihr Partner
Ihnen gestehen würde, dass er ein Alkohol- oder Drogen-
problem hat? Wenn die Ursache bereits bekannt wäre,
könnte die Anzeige wie folgt lauten:

Jens, 53, gerade gekündigt worden, sucht Bestätigung
von jungen Damen.

Männlich, 45, wohlhabend, obwohl ich viel besitze und
mir kaufen kann was ich möchte, merke ich, dass meinem
Leben der Sinn fehlt. Diese Leere fülle ich mit wechseln-
den Bekanntschaften.

Vernachlässigte Hausfrau mit Burn-Out Diagnose möchte
wieder als Frau und nicht nur als Hausfrau und Mutter
wahrgenommen werden. Ich will einfach einmal gerne in
den Arm genommen werden und mich geliebt fühlen,
schaffe es aber nicht, zu Hause endlich auf den Tisch zu
hauen.

Sie wären im ersten Moment erschrocken. Ihre Stimmung
würde aber recht bald in starkes Mitgefühl kippen. Warum? Weil sich Ihr Fokus auf die Ursache lenkt: „Mensch,

da kann man doch was machen. Ihr müsst euer Leben ändern", würde der ein oder andere von Ihnen jetzt bestimmt sagen.

Diese Personen machen das nicht ohne Grund. Sie würden also nach dem Warum fragen? Dann fragen Sie das jetzt, auch wenn Sie traurig und wütend sind. Sie haben ein Recht darauf, und auch Ihr Partner ist sich selbst diese Antwort schuldig.

genießen – reden – warum

Sie haben also die ersten beiden Schritte versäumt. Macht nichts. Also drehen wir den Spieß um.

warum – genießen – reden

Ich wende mich nun an alle, die es bereits getan haben, an diejenigen, welche eine Affäre begonnen haben. Ich erspare Ihnen jetzt irgendwelche gut gemeinten Ratschläge, die Ihnen vermutlich in dieser Lage überhaupt nichts bringen würden. Es ist nun mal passiert. Sie können es nicht mehr ändern und ich vermag es auch nicht. Und selbst wenn ich es könnte, würde ich es nicht tun. Und Sie sollten sich auch nicht mehr mit dem Gedanken quälen, es noch ändern zu wollen. Hören Sie lieber damit auf, sich selbst zu zerfleischen. Wenn Sie nämlich das tun, gehen Sie daran zugrunde. Es wird Sie soviel Kraft kosten, dass sie nicht mehr in der Lage sein werden, dem **Warum** auf den Grund zu gehen. Aber damit Sie dazu in der Lage sind, müssen Sie aufhören, sich ein schlechtes Gewissen einzureden. Wenn Sie frei von Schuldgefühlen sind und anfangen, zu **genießen** wird das Warum automatisch kommen. Wenn Sie den ersten Teil des Buches bereits in die Tat umgesetzt hätten, müssten Sie jetzt keine Konsequenzen von Seiten des Partners fürchten. Die Schuldgefühle wären demnach nicht so groß und Sie könnten sich viel früher die wichtigste Frage stellen: Warum bin ich fremdgegangen? Wenn Sie sich diese Frage ehrlich beantworten können, müssen Sie anfangen, mit Ihrem Partner/Ihrer

Partnerin darüber zu **reden**. Und wenn sie beide miteinander wieder im Reinen sind, fangen Sie an, darüber im Freundeskreis offen zu reden. Sie können anderen Menschen damit helfen, sich, wenn sie sich in ähnlicher Situation befinden, dass sie sich nicht einsam fühlen. Damit geben Sie ihnen wertvollen Halt, den sie brauchen damit, sie anfangen können, sich von den Schuldgefühlen zu befreien. Wenn wir es schaffen, uns von diesen Gefühlen loszulösen, ob nun als Betrogener oder als Betrüger, können wir hinsehen. Dann erkennen wir die Chance, die uns diese Affäre bietet.

Gehen oder bleiben?

Wurden Sie betrogen und stellen sich immer noch die Frage, ob Sie gehen oder bleiben sollen? Denn Sie haben Recht, auch durch eine Trennung würden sich beide Seiten weiter entwickeln.

Man kennt es ja aus dem Freundeskreis: frisch getrennte Personen entwickeln neue Leidenschaften, neue Hobbys. Sie stecken plötzlich wieder voller Leben und Energie und haben Lust, etwas Neues auszuprobieren.

Aber eines übersehen wir hier: Das war alles auch vorher schon da. Wir haben es einfach nicht wahrgenommen.

Durch eine Trennung fällt es uns leichter, weil der Fokus eine Zeit lang nur auf uns selbst liegt. In einer Partnerschaft ist das nicht möglich. Auch wenn man sich Zeit nimmt, seinem eigenen Hobby nachzugehen, ruht der Blick immer auf dem WIR. Wäre es nicht großartige, wenn Sie die Affäre zum Anlass nehmen könnten, wenn Sie sich die Affäre vor Augen halten, auch wenn es schmerzt, und sich endlich eingestehen, dass Sie wahrscheinlich keine bessere Chance auf ein erfülltes und glückliches Eheleben haben könnten? Stellen Sie sich beide dieser Aufgabe, wachsen sie daran, seien sie mutig.

STELL DIR VOR:

Du hast ein Konto mit 30.000 € und jemand stiehlt dir 10 €. Würdest du die verbleibenden 29.990 € wegwerfen, um es dieser Person heimzuzahlen, oder würdest du es einfach akzeptieren und dich über jeden verbliebenen Euro, den du noch hast, freuen?

Wir haben in jeder Ehe 30.000 schöne Momente und Erinnerungen, die uns zusammenschweißen. Lass nicht zu, dass die 10 negativen Erlebnisse die verbleibenden 29.990 schönen Momente ruinieren. Häng dich nicht daran auf.

Eine Ehe zu führen ist so viel größer!

Im Fall der Frau aus der Geschichte, die ich Ihnen zu Beginn erzählt habe, gibt es übrigens ein Happy End. Denn diese Frau gibt es wirklich. Sie führte über zwei Jahre lang zuerst eine Affäre, später ein regelrechtes Doppelleben. Sie flüchtete sich immer mehr in diesen „Traum" der für sie irgendwann zum Albtraum wurde. In diesen zwei Jahren schaffte es sie zwar, die Boutique weiterzuführen und nach außen hin die Fassade der perfekten Familie aufrecht zu erhalten, doch in ihrem Inneren spielten sich ganze Dramen ab. Es fing irgendwann damit an, dass sie nicht mehr schlafen konnte. Ihre Gedanken kreisten nur noch darum, was denn nun richtig wäre. Bei ihrem Mann bleiben oder sich auf ein neues Leben mit dem anderen zulassen? Zudem quälte sie das schlechte Gewissen. Gerade jetzt, da ihre Familie sie so sehr brauchte, hatte sie nicht die Kraft, ihr den nötigen Halt zu geben. Ja, sie zerfleischte sich regelrecht selbst. Den Höhepunkt erreichte die ganze Situation, als sie schließlich Panikattacken bekam und sich in den Alkohol flüchtete. Es dauerte 2 Jahre, bis sie sich eingestand, dass das Problem nicht diese Affäre war. Und dass sie mit ihrer Affäre auch nicht glücklich werden würde.

Diese Frau hat dann etwas sehr Mutiges getan: sie hat sich Hilfe gesucht. Mit Hilfe eines Persönlichkeitsberaters ist sie alle ihre Ängste und Sorgen angegangen und hat es somit geschafft, alte Blockaden zu lösen und sich von vorgegebenen Verhaltensmustern zu befreien.

Sie und ihr Ehemann haben nämlich den gleichen Fehler begangen wie die meisten: Viele konzentrieren sich zu sehr auf Erwartungen von außen. Zusammenziehen, Haus bauen, heiraten, Kinder bekommen, treu bleiben – so gehört sich das. Viele denken gar nicht darüber nach, ob sie das gerade wirklich wollen. So auch im Fall der Frau.

Bei einer Sitzung, die sie dann mit ihrem Mann gemeinsam besuchte, stellte sich heraus, dass es ihrem Mann nicht viel besser erging. Beide wollten eigentlich ein völlig anderes Leben haben, als das, welches sie die ganzen Jahre führten. Unbewusst hatten sie diesen Druck, dieses nach außen hin „perfekt dastehen", auch an ihre Kinder weitergegeben, die nun allerdings schon viel früher als sie selbst an dem Druck zerbrachen.

Die Ehefrau verschwieg ihrem Mann, auf Anraten des Psychologen, die Affäre. Auch weil sie keine Schuldgefühle mehr quälten. Denn sie war dankbar, dass diese Affäre ihr, wenn auch auf so schmerzvollen Weg, gezeigt hat, was sie wirklich vom Leben und von ihrer Beziehung will.

Es folgten noch viele, klärende Gespräche, auch mit den Kindern, ehe sich der Mann dazu entschlossen hatte, seinen Job als Pilot zu kündigen und in den Vertrieb der Boutique mit einzusteigen. Sie verkauften ihren Porsche und leisteten sich dafür ein Wohnmobil für ihr neues Hobby, das Reisen. Zusammen mit den erwachsenen Kindern holten beide die gemeinsame Zeit, das Abenteuer nach, das sie all die Jahre so schmerzlich vermisst hatten. Die Frau akzeptierte, dass der Sohn sich eine Auszeit nahm, nach Spanien zog und dort in einer trendigen Bar, die er später übernehmen sollte, jobbte.

Was ist Ihnen Ihre Ehe wert?

So eine Beratung, ob nun für Sie alleine oder für die ganze Familie, kostet Geld. Vielleicht 1.000 bis 2.000 Euro. Eine Scheidung hingegen wird Sie ein kleines Vermögen kosten, ganz zu schweigen von dem Kummer für Sie, Ihren Partner und Ihren Kindern. Wenn Sie den Schrecken des Scheiterns irgendwann verdaut haben, werden Sie sicher daran wachsen, ein erfüllteres und vielleicht auch glücklicheres Leben führen und irgendwann werden Sie sich auch wieder verlieben. Doch was, wenn Ihnen das alles noch einmal passiert? Werfen Sie dann wieder alles über Bord oder fangen Sie dann erst an, sich zu fragen: Was kann ich dazu beitragen, dass das nicht mehr passiert?

Diese Frage zu beantworten, ohne es je erlebt zu haben, ist fast unmöglich. Deshalb habe ich Personen befragt, die eine Scheidung hinter sich haben.

Paula:
„Warum trennen sich Paare? Im Nachhinein habe ich mich oft gefragt, ob vorhandene Probleme mit dem betreffenden Partner eine Lösung finden konnten. Meistens nimmt man seinen Anteil ja mit in eine neue Beziehung. Warum nicht gleich mit dem jetzigen Partner klären und lösen? Ich denke, dass dies auch jeder versuchen sollte. Nur wenn dann der andere Partner nicht mitzieht, sondern in seinem "Sumpf" bleiben will, dann lieber gehen. Beziehung heißt für mich auch immer Entwicklung und Wachsen und das

müssen auch beide wollen. Selbst eine Trennung kann auch dazu führen, dass beide der Partner etwas begreifen. Man trennt sich ja auch von den schönen Seiten des Partners."

Maike: „...In der Regel ist es in Beziehungen so, dass eine/einer daran arbeitet und der/die andere sich "bedienen" lässt. So lange, bis die Beziehung das nicht mehr aushält. Der Bruch erfolgt in der Regel dann, wenn einer der beiden eine(n) andere(n) Partner/in in Aussicht hat. Der/die andere wird dann sitzengelassen...."

W., 46 Jahre: „Probleme versuchen in der Partnerschaft zu lösen, wenn es irgendwie geht - und nicht direkt ausbrechen.
Genau das habe ich getan. Ausgebrochen nach 10 Jahren. Wir hatten viele Schicksalschläge zu bewältigen und irgendwann konnte ich nicht mehr. Immer die Stärkere sein, immer diejenige, die den Partner noch mit stützt. Irgendwann kam ein anderer Mann daher - das genaue Gegenteil von meinem. Es war Liebe auf den ersten Blick. Ich verließ meinen Mann nach langem Hin und Her. Kaum war die Dramatik des ganzen vorüber und die neue Beziehung auch, wurde mir klar, welch' großen Fehler ich gemacht hatte. Ich vermisse meinen Ex-Mann so sehr und wünschte, wir hätten rechtzeitg gemeinsam die Probleme lösen können. Es wird immer der größte Fehler meines Lebens bleiben. Ein Zurück gibt es leider nicht. Das ganze ist nun 2 Jahre her und ich bereue es täglich. Am schwersten ist es, mir selbst zu verzeihen. Ich habe Angst davor, dass

ich das niemals mehr kann. Ich hatte alles und habe es lei-der unbedacht weggeworfen."

Gemeinsam geht es leichter!

Kämpfen und sich für die Beziehung ins Zeug legen. Das macht Sinn, wenn beide noch daran festhalten wollen. Und gegenseitige Liebe hält einiges aus. Auch Krisen, die gemeinsam bewältigt werden müssen und die ansonsten stabile Beziehungen zum Glück oftmals durchstehen. Manchmal auch Dank professioneller Hilfe.

Schlusswort:

Das alles bleibt Ihnen aber hoffentlich erspart, wenn Sie endlich anfangen, darüber zu reden und wenn Sie das Leben führen, das Sie und Ihren Partner glücklich macht.

Bei vielen Ratgebern, und dieses Buch ist ja keiner, ist es so, dass der Leser zum Schluss noch eine Lebensweisheit vorgesetzt bekommt und dann ist das Buch zu Ende. Ich aber gebe Ihnen noch eine Hausaufgabe auf:

Beantworten Sie sich diese Fragen offen und ehrlich:

Wer bin ich, was macht mich aus, was will ich, was erwarte ich vom Leben, was soll das Leben mir geben?

Haben Sie darauf eine Antwort, dann stellen Sie die gleichen Fragen Ihrem Partner. Und dann stürzen Sie sich hinein, kopfüber, todesmutig, in das ungewisse, aber wunderschöne Abenteuer, das man (Ehe-) Leben nennt!

Über die Autorin:

Maria Ove lebt mit ihrer Familie in einem kleinen Dorf. Seit sie denken kann, schreibt sie Bücher. „Schatz, lass uns fremdgehen!" ist ihr erster veröffentlichter Ratgeber in Taschenbuchformat.

Ihr findet Maria Ove auf Facebook und im Internet auf www.maria-ove.de